¿Quieres descargas gratuitas?
Escríbenos un correo electrónico a: prayer@inspiredtograce.com

 @inspiredtograce

 Inspired To Grace

VERSICULO DE HOY

_____
_____
_____
_____
_____
_____
_____
_____
_____

REFLEXIONES

_____
_____
_____
_____
_____
_____
_____
_____
_____
_____
_____

ORACIONES

_____
_____
_____
_____
_____
_____

AGRADECIMIENTO

_____
_____
_____
_____
_____
_____

FECHA:

VERSICULO DE HOY

_____
_____
_____
_____
_____
_____
_____
_____
_____
_____
_____
_____

REFLEXIONES

_____
_____
_____
_____
_____
_____
_____
_____
_____
_____
_____
_____
_____

ORACIONES

_____
_____
_____
_____
_____
_____
_____

AGRADECIMIENTO

_____
_____
_____
_____
_____
_____

FECHA:

VERSICULO DE HOY

REFLEXIONES

ORACIONES

AGRADECIMIENTO

VERSICULO DE HOY

_____
_____
_____
_____
_____
_____
_____
_____
_____
_____
_____
_____
_____

REFLEXIONES

_____
_____
_____
_____
_____
_____
_____
_____
_____
_____
_____
_____
_____
_____
_____

ORACIONES

_____
_____
_____
_____
_____
_____
_____

AGRADECIMIENTO

_____
_____
_____
_____
_____
_____

VERSICULO DE HOY

REFLEXIONES

ORACIONES

AGRADECIMIENTO

FECHA:

VERSICULO DE HOY

_____
_____
_____
_____
_____
_____
_____
_____
_____
_____
_____

REFLEXIONES

_____
_____
_____
_____
_____
_____
_____
_____
_____
_____
_____
_____
_____

ORACIONES

_____
_____
_____
_____
_____
_____
_____

AGRADECIMIENTO

_____
_____
_____
_____
_____
_____
_____

VERSICULO DE HOY

REFLEXIONES

ORACIONES

AGRADECIMIENTO

FECHA:

VERSICULO DE HOY

_____
_____
_____
_____
_____
_____
_____
_____
_____
_____
_____
_____

REFLEXIONES

_____
_____
_____
_____
_____
_____
_____
_____
_____
_____
_____
_____
_____

ORACIONES

_____
_____
_____
_____
_____
_____
_____

AGRADECIMIENTO

_____
_____
_____
_____
_____
_____

VERSICULO DE HOY

_____
_____
_____
_____
_____
_____
_____
_____
_____
_____

REFLEXIONES

_____
_____
_____
_____
_____
_____
_____
_____
_____
_____

ORACIONES

_____
_____
_____
_____
_____
_____

AGRADECIMIENTO

_____
_____
_____
_____
_____
_____

FECHA:

VERSICULO DE HOY

_____
_____
_____
_____
_____
_____
_____
_____
_____
_____
_____

REFLEXIONES

_____
_____
_____
_____
_____
_____
_____
_____
_____
_____
_____
_____

ORACIONES

_____
_____
_____
_____
_____
_____
_____

AGRADECIMIENTO

_____
_____
_____
_____
_____
_____

VERSICULO DE HOY

REFLEXIONES

ORACIONES

AGRADECIMIENTO

VERSICULO DE HOY

REFLEXIONES

ORACIONES

AGRADECIMIENTO

VERSICULO DE HOY

REFLEXIONES

ORACIONES

AGRADECIMIENTO

FECHA:

VERSICULO DE HOY

_____
_____
_____
_____
_____
_____
_____
_____
_____
_____

REFLEXIONES

_____
_____
_____
_____
_____
_____
_____
_____
_____
_____
_____
_____

ORACIONES

_____
_____
_____
_____
_____
_____
_____

AGRADECIMIENTO

_____
_____
_____
_____
_____
_____
_____

FECHA:

VERSICULO DE HOY

REFLEXIONES

ORACIONES

AGRADECIMIENTO

FECHA:

VERSICULO DE HOY

REFLEXIONES

ORACIONES

AGRADECIMIENTO

VERSICULO DE HOY

REFLEXIONES

ORACIONES

AGRADECIMIENTO

FECHA:

VERSICULO DE HOY

REFLEXIONES

ORACIONES

AGRADECIMIENTO

VERSICULO DE HOY

REFLEXIONES

ORACIONES

AGRADECIMIENTO

VERSICULO DE HOY

REFLEXIONES

ORACIONES

AGRADECIMIENTO

FECHA:

VERSICULO DE HOY

REFLEXIONES

ORACIONES

AGRADECIMIENTO

FECHA:

VERSICULO DE HOY

REFLEXIONES

ORACIONES

AGRADECIMIENTO

VERSICULO DE HOY

REFLEXIONES

ORACIONES

AGRADECIMIENTO

VERSICULO DE HOY

REFLEXIONES

ORACIONES

AGRADECIMIENTO

VERSICULO DE HOY

REFLEXIONES

ORACIONES

AGRADECIMIENTO

VERSICULO DE HOY

REFLEXIONES

ORACIONES

AGRADECIMIENTO

VERSICULO DE HOY

REFLEXIONES

ORACIONES

AGRADECIMIENTO

VERSICULO DE HOY

REFLEXIONES

ORACIONES

AGRADECIMIENTO

VERSICULO DE HOY

REFLEXIONES

ORACIONES

AGRADECIMIENTO

VERSICULO DE HOY

REFLEXIONES

ORACIONES

AGRADECIMIENTO

VERSICULO DE HOY

REFLEXIONES

ORACIONES

AGRADECIMIENTO

FECHA:

VERSICULO DE HOY

REFLEXIONES

ORACIONES

AGRADECIMIENTO

FECHA:

VERSICULO DE HOY

REFLEXIONES

ORACIONES

AGRADECIMIENTO

VERSICULO DE HOY

REFLEXIONES

ORACIONES

AGRADECIMIENTO

VERSICULO DE HOY

REFLEXIONES

ORACIONES

AGRADECIMIENTO

VERSICULO DE HOY

REFLEXIONES

ORACIONES

AGRADECIMIENTO

VERSICULO DE HOY

_____
_____
_____
_____
_____
_____
_____
_____
_____
_____
_____

REFLEXIONES

_____
_____
_____
_____
_____
_____
_____
_____
_____
_____
_____
_____
_____
_____

ORACIONES

_____
_____
_____
_____
_____
_____
_____
_____

AGRADECIMIENTO

_____
_____
_____
_____
_____
_____
_____

VERSICULO DE HOY

REFLEXIONES

ORACIONES

AGRADECIMIENTO

VERSICULO DE HOY

_____
_____
_____
_____
_____
_____
_____
_____
_____
_____
_____

REFLEXIONES

_____
_____
_____
_____
_____
_____
_____
_____
_____
_____
_____
_____
_____
_____

ORACIONES

_____
_____
_____
_____
_____
_____
_____

AGRADECIMIENTO

_____
_____
_____
_____
_____
_____
_____

VERSICULO DE HOY

REFLEXIONES

ORACIONES

AGRADECIMIENTO

VERSICULO DE HOY

REFLEXIONES

ORACIONES

AGRADECIMIENTO

FECHA:

VERSICULO DE HOY

REFLEXIONES

ORACIONES

AGRADECIMIENTO

FECHA:

VERSICULO DE HOY

REFLEXIONES

ORACIONES

AGRADECIMIENTO

VERSICULO DE HOY

REFLEXIONES

ORACIONES

AGRADECIMIENTO

FECHA:

VERSICULO DE HOY

_____
_____
_____
_____
_____
_____
_____
_____
_____
_____
_____

REFLEXIONES

_____
_____
_____
_____
_____
_____
_____
_____
_____
_____
_____
_____
_____
_____

ORACIONES

_____
_____
_____
_____
_____
_____
_____

AGRADECIMIENTO

_____
_____
_____
_____
_____
_____
_____

FECHA:

VERSICULO DE HOY

REFLEXIONES

ORACIONES

AGRADECIMIENTO

✷ ⚙ ☸ ⚙ ✷

FECHA:

VERSICULO DE HOY

REFLEXIONES

ORACIONES

AGRADECIMIENTO

VERSICULO DE HOY

REFLEXIONES

ORACIONES

AGRADECIMIENTO

VERSICULO DE HOY

REFLEXIONES

ORACIONES

AGRADECIMIENTO

FECHA:

VERSICULO DE HOY

_____
_____
_____
_____
_____
_____
_____
_____
_____
_____
_____

REFLEXIONES

_____
_____
_____
_____
_____
_____
_____
_____
_____
_____
_____
_____
_____
_____

ORACIONES

_____
_____
_____
_____
_____
_____
_____

AGRADECIMIENTO

_____
_____
_____
_____
_____
_____

VERSICULO DE HOY

REFLEXIONES

ORACIONES

AGRADECIMIENTO

FECHA:

VERSICULO DE HOY

REFLEXIONES

ORACIONES

AGRADECIMIENTO

VERSICULO DE HOY

REFLEXIONES

ORACIONES

AGRADECIMIENTO

VERSICULO DE HOY

_____
_____
_____
_____
_____
_____
_____
_____
_____
_____

REFLEXIONES

_____
_____
_____
_____
_____
_____
_____
_____
_____
_____
_____
_____
_____

ORACIONES

_____
_____
_____
_____
_____
_____

AGRADECIMIENTO

_____
_____
_____
_____
_____
_____
_____

VERSICULO DE HOY

REFLEXIONES

ORACIONES

AGRADECIMIENTO

VERSICULO DE HOY

REFLEXIONES

ORACIONES

AGRADECIMIENTO

VERSICULO DE HOY

REFLEXIONES

ORACIONES

AGRADECIMIENTO

FECHA:

VERSICULO DE HOY

REFLEXIONES

ORACIONES

AGRADECIMIENTO

VERSICULO DE HOY

REFLEXIONES

ORACIONES

AGRADECIMIENTO

VERSICULO DE HOY

REFLEXIONES

ORACIONES

AGRADECIMIENTO

VERSICULO DE HOY

REFLEXIONES

ORACIONES

AGRADECIMIENTO

VERSICULO DE HOY

REFLEXIONES

ORACIONES

AGRADECIMIENTO

FECHA:

VERSICULO DE HOY

REFLEXIONES

ORACIONES

AGRADECIMIENTO

VERSICULO DE HOY

REFLEXIONES

ORACIONES

AGRADECIMIENTO

VERSICULO DE HOY

_____
_____
_____
_____
_____
_____
_____
_____
_____
_____
_____

REFLEXIONES

_____
_____
_____
_____
_____
_____
_____
_____
_____
_____
_____
_____
_____
_____

ORACIONES

_____
_____
_____
_____
_____
_____
_____
_____

AGRADECIMIENTO

_____
_____
_____
_____
_____
_____
_____

VERSICULO DE HOY

_____
_____
_____
_____
_____
_____
_____
_____
_____
_____
_____
_____

REFLEXIONES

_____
_____
_____
_____
_____
_____
_____
_____
_____
_____
_____
_____
_____
_____

ORACIONES

_____
_____
_____
_____
_____
_____

AGRADECIMIENTO

_____
_____
_____
_____
_____
_____

FECHA:

VERSICULO DE HOY

REFLEXIONES

ORACIONES

AGRADECIMIENTO

FECHA:

VERSICULO DE HOY

REFLEXIONES

ORACIONES

AGRADECIMIENTO

VERSICULO DE HOY

REFLEXIONES

ORACIONES

AGRADECIMIENTO

FECHA:

VERSICULO DE HOY

_____
_____
_____
_____
_____
_____
_____
_____
_____
_____
_____

REFLEXIONES

_____
_____
_____
_____
_____
_____
_____
_____
_____
_____
_____
_____

ORACIONES

_____
_____
_____
_____
_____
_____

AGRADECIMIENTO

_____
_____
_____
_____
_____

FECHA:

VERSICULO DE HOY

REFLEXIONES

ORACIONES

AGRADECIMIENTO

FECHA:

VERSICULO DE HOY

_____
_____
_____
_____
_____
_____
_____
_____
_____
_____
_____

REFLEXIONES

_____
_____
_____
_____
_____
_____
_____
_____
_____
_____
_____
_____
_____
_____

ORACIONES

_____
_____
_____
_____
_____
_____
_____

AGRADECIMIENTO

_____
_____
_____
_____
_____
_____
_____

FECHA:

VERSICULO DE HOY

REFLEXIONES

ORACIONES

AGRADECIMIENTO

VERSICULO DE HOY

REFLEXIONES

ORACIONES

AGRADECIMIENTO

FECHA:

VERSICULO DE HOY

_____
_____
_____
_____
_____
_____
_____
_____
_____
_____
_____
_____
_____

REFLEXIONES

_____
_____
_____
_____
_____
_____
_____
_____
_____
_____
_____
_____
_____
_____
_____
_____

ORACIONES

_____
_____
_____
_____
_____
_____
_____
_____

AGRADECIMIENTO

_____
_____
_____
_____
_____
_____
_____

⚓ ⚓ ⚓ ⚓

FECHA:

VERSICULO DE HOY

_____
_____
_____
_____
_____
_____
_____
_____
_____

REFLEXIONES

_____
_____
_____
_____
_____
_____
_____
_____
_____
_____

ORACIONES

_____
_____
_____
_____
_____
_____

AGRADECIMIENTO

_____
_____
_____
_____
_____
_____

FECHA:

VERSICULO DE HOY

REFLEXIONES

ORACIONES

AGRADECIMIENTO

⚓ ⚓ ⚓ ⚓

FECHA:

VERSICULO DE HOY

_____
_____
_____
_____
_____
_____
_____
_____
_____
_____

REFLEXIONES

_____
_____
_____
_____
_____
_____
_____
_____
_____
_____
_____

ORACIONES

_____
_____
_____
_____
_____
_____
_____
_____

AGRADECIMIENTO

_____
_____
_____
_____
_____
_____
_____

VERSICULO DE HOY

REFLEXIONES

ORACIONES

AGRADECIMIENTO

VERSICULO DE HOY

REFLEXIONES

ORACIONES

AGRADECIMIENTO

FECHA:

VERSICULO DE HOY

_____
_____
_____
_____
_____
_____
_____
_____
_____
_____
_____

REFLEXIONES

_____
_____
_____
_____
_____
_____
_____
_____
_____
_____
_____
_____
_____

ORACIONES

_____
_____
_____
_____
_____
_____

AGRADECIMIENTO

_____
_____
_____
_____
_____
_____

FECHA:

VERSICULO DE HOY

REFLEXIONES

ORACIONES

AGRADECIMIENTO

VERSICULO DE HOY

_____
_____
_____
_____
_____
_____
_____
_____
_____
_____
_____

REFLEXIONES

_____
_____
_____
_____
_____
_____
_____
_____
_____
_____
_____
_____
_____
_____
_____

ORACIONES

_____
_____
_____
_____
_____
_____
_____

AGRADECIMIENTO

_____
_____
_____
_____
_____
_____
_____

FECHA:

VERSICULO DE HOY

REFLEXIONES

ORACIONES

AGRADECIMIENTO

VERSICULO DE HOY

REFLEXIONES

ORACIONES

AGRADECIMIENTO

VERSICULO DE HOY

REFLEXIONES

ORACIONES

AGRADECIMIENTO

VERSICULO DE HOY

REFLEXIONES

ORACIONES

AGRADECIMIENTO

FECHA:

VERSICULO DE HOY

REFLEXIONES

ORACIONES

AGRADECIMIENTO

FECHA:

VERSICULO DE HOY

REFLEXIONES

ORACIONES

AGRADECIMIENTO

FECHA:

VERSICULO DE HOY

REFLEXIONES

ORACIONES

AGRADECIMIENTO

FECHA:

VERSICULO DE HOY

REFLEXIONES

ORACIONES

AGRADECIMIENTO

VERSICULO DE HOY

REFLEXIONES

ORACIONES

AGRADECIMIENTO

FECHA:

VERSICULO DE HOY

REFLEXIONES

ORACIONES

AGRADECIMIENTO

VERSICULO DE HOY

REFLEXIONES

ORACIONES

AGRADECIMIENTO

FECHA:

VERSICULO DE HOY

_____
_____
_____
_____
_____
_____
_____
_____
_____
_____
_____

REFLEXIONES

_____
_____
_____
_____
_____
_____
_____
_____
_____
_____
_____
_____
_____
_____

ORACIONES

_____
_____
_____
_____
_____
_____
_____

AGRADECIMIENTO

_____
_____
_____
_____
_____
_____

FECHA:

VERSICULO DE HOY

REFLEXIONES

ORACIONES

AGRADECIMIENTO

FECHA:

VERSICULO DE HOY

REFLEXIONES

ORACIONES

AGRADECIMIENTO

VERSICULO DE HOY

_____
_____
_____
_____
_____
_____
_____
_____
_____
_____

REFLEXIONES

_____
_____
_____
_____
_____
_____
_____
_____
_____
_____
_____
_____

ORACIONES

_____
_____
_____
_____
_____
_____

AGRADECIMIENTO

_____
_____
_____
_____
_____
_____

VERSICULO DE HOY

REFLEXIONES

ORACIONES

AGRADECIMIENTO

FECHA:

VERSICULO DE HOY

REFLEXIONES

ORACIONES

AGRADECIMIENTO

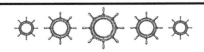

FECHA:

VERSICULO DE HOY

REFLEXIONES

ORACIONES

AGRADECIMIENTO

FECHA:

VERSICULO DE HOY

REFLEXIONES

ORACIONES

AGRADECIMIENTO

VERSICULO DE HOY

_____
_____
_____
_____
_____
_____
_____
_____
_____
_____
_____
_____

REFLEXIONES

_____
_____
_____
_____
_____
_____
_____
_____
_____
_____
_____
_____
_____
_____

ORACIONES

_____
_____
_____
_____
_____
_____
_____
_____

AGRADECIMIENTO

_____
_____
_____
_____
_____
_____
_____

⚓ ⚓ ⚓ ⚓

FECHA:

VERSICULO DE HOY

REFLEXIONES

ORACIONES

AGRADECIMIENTO

VERSICULO DE HOY

REFLEXIONES

ORACIONES

AGRADECIMIENTO

VERSICULO DE HOY

_____
_____
_____
_____
_____
_____
_____
_____
_____
_____

REFLEXIONES

_____
_____
_____
_____
_____
_____
_____
_____
_____
_____
_____
_____
_____

ORACIONES

_____
_____
_____
_____
_____
_____
_____

AGRADECIMIENTO

_____
_____
_____
_____
_____
_____
_____

Made in the USA
Coppell, TX
16 June 2022

78892199R10061